¡Quítate esa gorra!

MIGDALIA FONSECA
ILUSTRACIONES DE ENRIQUE MARTÍNEZ

PUERTO RICO

colección derechos del niño

ALFAGUARA

derecho a la integración de todos los niños diferentes

unicef

Título: *¡QUÍTATE ESA GORRA!*
©Del texto: 2000, MIGDALIA FONSECA
©De las ilustraciones: 2000, ENRIQUE MARTÍNEZ
©De esta edición:
  2000, Ediciones Santillana, Inc.
  Centro Distribución Amelia
  Calle F # 34, esquina D
  Buchanan/Guaynabo
  San Juan P.R. 00968, Puerto Rico
  Teléfono (1787) 781 98 00

I.S.B.N: 84-204-5831-7
Depósito legal: M-32.951-2000
Printed in Spain - Impreso en España por
ORYMU Artes Gráficas, S. A., Pinto (Madrid)

Diseño de la colección: ENLACE

La Comisión de Personalidades por la Infancia reúne a importantes escritores e intelectuales de Iberoamérica y España, quienes, de forma independiente, se han comprometido en la defensa de los derechos de la infancia y la adolescencia de América Latina, el Caribe y España. Han suscrito un Manifiesto que reclama a los Estados acciones concretas y definitivas en favor de la infancia y la adolescencia.

Declaración de los derechos del niño

Derecho 5

Derecho a la integración, a la educación
y cuidados especiales para los niños y niñas,
físico, social o mentalmente distintos.

Prólogo

Soy hijo de la selva amazónica, un lugar donde el silencio es sonoro y el viento me despierta cantando. Pero confieso que no soy feliz porque convivo con niños que frecuentemente duermen con hambre. Mal vivida su infancia, se abrazan a las drogas. ¡La prostitución de las adolescentes duele! Es como un fruto que se pudre antes de madurar.

El mundo queda cada día más pobre del poder de la infancia. Como pájaros encantados, los mejores dones de la infancia están amenazados de extinción: es la gran llegada de este fin de siglo. El nuevo siglo se va a enfrentar, lleno de asombro, con miles de niños andrajosos, hambrientos, enfermos, queriendo entrar en la fiesta de su llegada, conducidos por las manos de Latinoamérica.

Sin embargo, yo creo en el nuevo siglo. Creo ardientemente en la utopía. El destino de la ciencia y la tecnología es el de servir a la felicidad.

Más allá de un nuevo milenio, los niños y niñas de Latinoamérica esperan la llegada del amor.

Thiago de Mello
Comisión de Personalidades por la Infancia

Si te gustan los cuentos, te voy a contar uno que no es de dragones ni de seres gigantes que vuelan. Tampoco es de batallas ni de héroes guerreros. Te lo cuento porque te conozco y sé que te va a gustar esta historia de un niño que usaba una gorra azul.

Todos decían que Adrián había nacido para pelear con la vida. Imagínense, si ni siquiera esperó los nueve meses para dar el gran salto desde la barriga de su mamá y plantarse en

el mundo. Lo hizo con tanto ímpetu, que Inés quedó agotada, sin fuerzas y, sobre todo, con una tremenda tristeza. No entendía por qué su nene abandonaba antes de tiempo la tierna cuna de carne en la que había dormido durante seis meses. Definitivamente, Adrián no estaba listo para nacer.

El caso es que el atrevimiento de Adrián formó tremendo corre y corre en el hospital del pequeño pueblo. ¡Cuántas horas de intenso trabajo cobró aquel que llegaba cuando nadie lo esperaba! Los uniformes blancos pasaban como celajes por los pasillos del hospital. Y Adrián quedó instalado en su nueva cuna, conectado a un ventilador que daría vida a sus pequeños pulmones, quién sabía hasta cuándo.

Mientras tanto, en una salita, César y Carla se comían las uñas en espera de cualquier noticia, buena o mala.

6

¡Tanto que Carla había esperado la llegada de su nuevo compañero de juegos!

Como el tiempo no deja de pasar, siguió pasando. Por eso, ahora aquí está Adrián, con sus pantalones largos, sus botas ortopédicas, sus anchas camisetas y su inseparable gorra azul. Cinco años han pasado desde que Adrián dio su gran salto. ¿Qué quedaba de la maroma? Casi nada: una costura que le corría desde el ombligo hasta el pecho, una cabeza que no quería quedarse quieta y una pierna que se empeñaba en

mantenerse atrás cuando la otra deseaba correr. Ah, y unos intestinos juguetones que llevaban a Adrián de la mesa al baño más rápido que un pestañeo.

Y hablando de pestañas, ¡qué largas eran las de Adrián! Le quedaban tan bien puestas en sus ojos alargados, que hasta Carla hubiera querido tener aquel par de abaniquitos que se abrían y se cerraban cuando le contaba su última travesura al hermano.

—Ven, Adrián, vamos a treparnos al palo de guayaba.

—No me atrevo.

—Pues vamos a subirnos a la verja.

—No, me caigo.

—¿Por qué serás tan miedoso?

—Yo no tengo miedo.

—¿No? ¿Y qué es?

—Es Mami quien se asusta.

—¡Ay sí! —replica Carla en tono burlón.

Pero lo que más llamaba la atención en Adrián era aquel inmenso chichón que el gran brinco había dejado en su cabeza y que solamente la gorra lograba disimular.

¿Desde cuándo usaba Adrián aquella gorra azul? Hasta los cuatro años, Adrián no parecía haber notado nada raro en

8

su cabeza, hasta un día en que fue al mercado con su abuelo
a comprar alimento para el ganado.

—Oiga, don Pablo, ¿qué es eso que tiene el nene en la
cabeza?

—¿No sabe lo que es un chichón?

—Usted perdone, pero se ve feíto.

—Feo es decirle una cosa así a un niño —replica el abuelo, y sale de la tienda con los nervios crispados.

La rabia oprimía el corazón de don Pablo. Y Adrián, no sabía por qué, se asustó.

—¿Qué te pasa, Abuelo?

—Nada, mijo, nada.

A veces, proteger a un niño puede ser un asunto difícil. Por eso, el abuelo no estaba muy seguro de que hacía lo correcto. ¿Por qué tenía Adrián que ocultar aquello? Pero no estaba dispuesto a que su nieto recibiera la burla de cierta gente. De modo que se armó de valor y entró con Adrián a la única tienda del pueblo donde podría hallar lo que necesitaba. Estaba preparado para un nuevo disgusto y sacó el vozarrón que utilizaba siempre que deseaba imponer respeto.

—Consígame una gorra para el muchachito y otra para este viejo.

—Escoja usted mismo las que quiera; tengo una gran variedad.

Don Pablo alzó a Adrián para que mirara la colección de gorras que había en la pared. Minutos le tomó a Adrián pasar su vista por la colección de gorras.

—Me gusta la azul —dijo tímidamente.

Con la gorra azul, llegó Adrián a la escuela el primer día de clases. La mochila estaba repleta: lápices, libretas, sacapuntas, tijeras, y en el fondo, una bolsita con dos pastillitas amarillas que lo salvarían de la vergüenza de que sus intestinos se vaciaran en medio de una clase. Ya Adrián había aprendido cuándo usarlas y no iba sin ellas a ninguna parte. Era lo primero que procuraba cuando se preparaba para salir de su casa.

Ya Inés y César habían hablado con el personal de la escuela y la directora había aceptado que Adrián usara

su gorra todo el tiempo. Además, se había decidido que el niño fuera a los baños de la oficina cuando tuviera una urgencia. Los padres habían insistido en que no se excusara a Adrián de participar en las actividades físicas por el problema de su pierna.

—Él puede hacer todo lo que hagan los demás niños, solamente que lo hará más lento —dijo Inés.

—Y si se cae, sabrá levantarse solo. Adrián siempre se ha levantado una y otra vez —añadió con orgullo César.

Aquí tenemos a Adrián, feliz en su primer día de clases, ahora sin su ancha camiseta, con una camisita pegada a la tablita que eran su pecho y su barriga, y con un pantalón estrecho que no le gustaba nada y que hacía resaltar sus botas.

¡Qué mucho se sorprendió Adrián al ver la cantidad de cosas que se podían aprender en la escuela! Aquella bonita señora que olía a flores se paraba al frente del salón y empezaba a hablar. Entonces, la mente de Adrián volaba cuando ella leía: «Y de pronto, el bosque se llenó de seres diminutos que saltaban de árbol en árbol y hacían crujir las ramas». ¿Qué será crujir?, se preguntaba Adrián. ¿Sería como mugir?

14

Él sabía que las vacas mugían y que las ranas croaban, pero ¿cómo las ramas podrían hacer muu o croac-croac? No podía ser; ya se lo preguntaría a Carla. Su hermana lo sabía todo.

Aquí está Carla, siempre en medio de un grupo de niñas que no hacen otra cosa que reírse.

—¿Por qué tu hermano no se quita la gorra?

—Porque es mágica.

—¿Cómo que mágica, so embustera?

—Explícanos, Carla, sí.

—La magia no se puede explicar.

—¿Y por qué tiene una pierna torcida? ¿Y por qué siempre se cae? ¿Y por qué va al baño de la oficina?

—Ustedes preguntan más que la policía. ¡Shhh! Ahí viene Pepe, seguro que se me va a declarar. A volar, pajaritas.

Este Pepe sí que es guapo. Con sus doce años, tiene locas a las niñas. Además, es el mejor atleta de la escuela. Y como no come cuentos…

—Oye, Carla, ¿quieres ser mi novia?

—¡Claro que sí!

¿Qué les parece? Como que Carla tampoco come cuentos…

Por ahí viene Adrián, con su pierna vacilante, y con la pregunta que interrumpe el beso que están a punto de darse los nuevos novios.

—Carla, ¿qué es crujir?

—Pues besar, so bobo —protesta Pepe.

Y le planta un beso a Adrián en la cara. Los tres se mueren de la risa y se van a comprar dulces. Hoy Pepe paga.

Dos veces se cayó Adrián en el corto trayecto hasta la tiendita de don Toño.

—Oye, mano, que se nos va el recreo.

—No lo regañes, Pepe.

—¿Ya empezamos a pelear?

—Prometo que no me caigo más.

—Oye, Adrián, ¿te gusta el fútbol?

—No sé qué es.

—¿Que no sabes? Pues, no estás en na', mano.

—No le digas eso, que es muy sentimental.

—Éste de lo que sabe es de vacas y becerros.

—Ayer nació uno —murmura Adrián emocionado.

—¿Un qué?

—Pues un becerro, y se llamará Pepe.

Adrián escapa corriendo. Y esta vez no se cae.

El sábado a las nueve en punto llega Pepe con su mamá a la casa de Adrián. Carla, nerviosa, los ve por una

16

ventana. Si parece un futbolista de verdad. «¡Qué lindo es mi novio!», piensa.

Allá va Adrián rumbo al parque del pueblo.

17

—Lo primero, mano, es estirar las piernas.

—Me duele.

—Vamos, Campeón, no tengas miedo.

—Pepe, ¿por qué me dices Campeón?

—Por lo que me contó tu hermana.

—¿Qué te contó?

—Que los médicos te pusieron Campeón porque no te dejaste morir.

—Eso es verdad, soy un campeón. Pero, como quiera me duele la pierna.

—Esto es al principio, ya verás. Si a mí también me dolían antes, pero ya no. Mira, las tengo como palos. ¿Qué es eso que tienes en la barriga?

—De cuando me operaron.

—¿De qué te operaron?

—De los intestinos. La pierna no me la pueden operar porque no vale la pena, así dice mi mamá.

—Levántate, que ahora viene lo bueno.

Lo bueno es colocar el balón entre las piernas, mover los pies como unas pinzas, correr el campo de un lado al otro sin que la bola se les escape a los pies, pegarle un cabezazo al balón para que llegue hasta las piernas de un compañero. Lo bueno es que el compañero meta un cabezazo que sorprenda

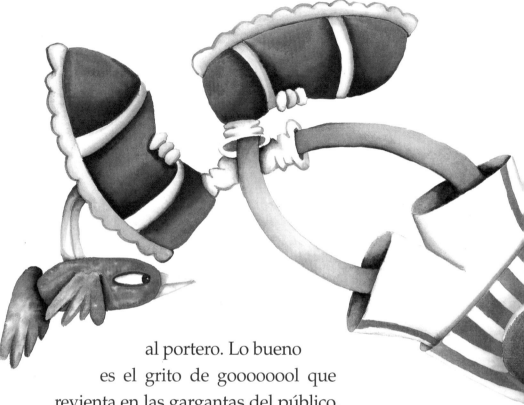

al portero. Lo bueno
es el grito de goooooool que
revienta en las gargantas del público.

Con todo eso ha soñado Adrián aquel sábado en la noche.

En el sueño, él era Pepe, no tenía una gorra azul en la cabeza, no sentía los intestinos moverse fuera de tiempo y, sobre todo, sus pies no se enredaban al desplazarse por el campo de fútbol.

En el desayuno, todos le preguntan a Adrián:

—¿Cómo te fue en el parque? —pregunta César.

—¿Te gustó el fútbol? —pregunta Inés.

—¿Quién fue el mejor jugador? —pregunta Carla.

Adrián no los oye, sigue en su sueño. De momento, se levanta de la mesa en un salto:

—¡Goooool!

Y corre por la casa con los brazos en alto. El último goool resonó desde el baño.

Pepe y Adrián, Adrián y Pepe, ¡qué pareja! ¡Cuántas cosas han hecho juntos! El día que Pepe le dijo al

dirigente del equipo de la escuela que le traía un nuevo futbolista, de nueve años, éste no podía creerlo.

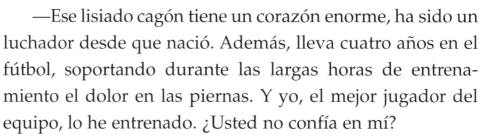

—Pero, ¿de dónde sacas tú que un lisiado cagón puede jugar fútbol? ¿Te has vuelto loco?

—Ese lisiado cagón tiene un corazón enorme, ha sido un luchador desde que nació. Además, lleva cuatro años en el fútbol, soportando durante las largas horas de entrenamiento el dolor en las piernas. Y yo, el mejor jugador del equipo, lo he entrenado. ¿Usted no confía en mí?

—Bueno, Pepe, no te pongas así, no es para tanto. Tengo que verlo jugar.

Y lo vio jugar. Es verdad que los nervios pudieron traicionar a Adrián al principio, que se cayó tres veces, que falló dos cabezazos, que tuvo que correr al baño. Pero también era verdad que el niño de la gorra azul tenía un gran corazón.

Inés, Carla y César estaban en las gradas casi vacías. César apenas se atrevía a mirar la práctica. Pero ahora Adrián controlaba sus movimientos, era todo concentración, los pies se movían ágiles por el campo, el sudor le empapaba las pestañas, hasta que ¡goooool!, fue el grito de Inés y Carla. Entonces, los ojos de Adrián buscaron a César en las gradas. Los brazos de César se alzaron y lo abrazaron en el aire.

El gol fue anulado porque el jugador estaba fuera de la zona. Pero a Adrián no le importó, sabía que la próxima vez no fallaría.

El que siempre pasa, siguió pasando. Ya Adrián tiene once años. Carla tiene otro novio, Pepe tiene otra novia. Y Adrián ha tenido varias gorras, aunque siempre regresa a su gastada gorra azul. Tampoco tiene novia, pero sí tiene vista una nena que le dice que qué lindas son sus pestañas, que por qué no se deja ver el pelo, que qué le pasa a su pierna.

—¡Quítate esa gorra!

—¿Por qué te caes tanto?

Lo de las pestañas hace sonreír y enrojecer a Adrián. Lo de la gorra y lo de la pierna lo entristecen. Ahora, si ella quiere, puede invitarla al partido de fútbol del próximo domingo.

—¿Está Pepe?

—No se ha levantado, ¿quién lo llama?

—Es Adrián.

25

—¿Adrián?

—Sí, él es mi amigo.

—Hola, chico, tanto tiempo.

—Eso mismo digo yo.

—Tú sabes, es que la universidad… ¿Cómo va el fútbol?

—Bien, quiero invitarte al partido final del torneo; es este domingo.

—Allí estaré, mano. ¿Tienes novia?

—Casi.

—¿Cómo que casi? ¿Sí o no?

—Pues, creo que sí.

—¿Ya le diste un besito?

El pueblo se ha vaciado en el estadio. La gritería hace mover las gradas. En los baños, el equipo de Adrián recibe las últimas instrucciones de don Mario. Allí está Pepe, asistiendo al dirigente. Por si acaso, Adrián se ha tomado dos pastillas amarillas. De pronto, surge algo con lo que no contaba Adrián.

—¡Quítate esa gorra!

—No puedo, don Mario.

—¿Cómo que no puedes? Te la quitas o te la quito.

—Esta gorra me da buena suerte.

—Déjelo, don Mario —suplica Pepe.

Ya están los equipos en el terreno de juego. Un solo jugador lleva una gorra en la cabeza. Es el cagoncito de Inés y César. El pantalón corto deja al descubierto su pierna virada y delgada. Ha sonado el silbato.

Por veinte minutos han estado los jugadores como midiendo sus habilidades. El de la gorra azul se ha caído cuatro veces. «Lo importante es levantarse», se repite a sí mismo, y en un descuido, afloja la marca y un opositor pasa como un bólido frente a él, sorprendiendo a todos con un disparo certero que el portero no puede detener.

Restan seis minutos de acción. El marcador está empatado a dos. Pepe se pone las manos en la cabeza. Don Mario grita como loco. En las gradas, César cierra los ojos. Sabe lo importante que es este partido para Adrián, pero no tiene

valor para ver la acción. Él no es tan valiente como su hijo. Carla no suelta la mano de Anabelle, quien vela cada movimiento de su casi novio. Sólo Inés parece tranquila.

El balón cae en los pies de Adrián, quiere escapársele, pero las pinzas se cierran con un movimiento ágil. Entonces, una gorra azul empieza

27

a desplazarse por el campo hacia la portería contraria. Nadie es capaz de cerrarle el paso.

—¡Huye, Adrián, huye! Dale pinzas, dale pinzas —grita Pepe.

—Tengo que entrar en la zona —dice Adrián para sí—. No me falles, pierna, no me falles.

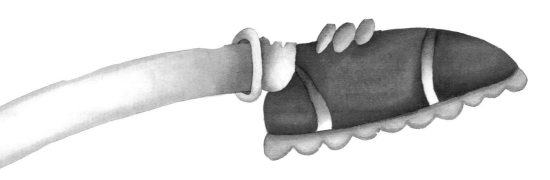

Un júbilo ensordecedor estremece las gradas. Adrián rompe a llorar cargado en hombros por Pepe y sus compañeros de equipo. ¡Cómo brillan sus ojos tras las pestañas húmedas!

30

En la heladería del pueblo está Adrián —bañado y con sus pantalones largos— con Anabelle. En las mesas cercanas están los demás. La noticia ha corrido de boca en boca. Todos quieren saludar al héroe del partido.

—¡Quítate esa gorra!

—No, Anabelle.

—Ya te vi las piernas…

—Serán los palillos.

Anabelle mira a Adrián de tal manera, que el muchacho levanta una mano, agarra la gorra por la punta y la coloca sobre la mesa. Espera la reacción de Anabelle con los ojos bajos.

—¿Me regalas tu gorra?

Este libro se terminó de imprimir en
los talleres gráficos de ORYMU Artes
Gráficas, S.A., Pinto, Madrid, España,
en el mes de septiembre de 2000.